Harmonie und Farbenrausch

Erwecken Sie 12 zauberhafte Scratch-Motive zum Leben!

Scratch ...

Mit dem beigelegten Kratz-Stick und viel Fantasie erschaffen Sie einzigartige kleine Kunstwerke. Lassen Sie sich von den farbigen Umrisslinien und bereits freigelegten Teilen inspirieren und entscheiden Sie, wie Sie Ihr Motiv ganz individuell gestalten:

- Legen Sie alle vorgegebenen Flächen und Muster frei.
- Wählen Sie nur wenige Details, die Sie hervorheben wollen, und erhalten Sie das Bild in Teilen schwarz – das wirkt sehr edel.
- Werden Sie kreativ und kratzen Sie eigene Muster, Linien und Punkte in das Bild.

Wie so ein fertiges kleines Scratch-Kunstwerk aussehen kann, zeigen wir Ihnen hier und auf den folgenden Seiten immer auf dem linken Bild eines Bilderpaares. Rechts sehen Sie jeweils, was sich unter der schwarzen Schicht alles verbirgt. So können Sie sich bei der Gestaltung Ihres eigenen Bildes noch besser orientieren.

… & Relax

Freuen Sie sich auf 12-mal kreatives Relaxen!

Denn Scratching macht Spaß, lässt Sie sich ganz auf den Moment konzentrieren und fördert die Achtsamkeit. Erfahren Sie so beim Gestalten Ihres Bildes geistige und körperliche Entspannung. Nach der kleinen Auszeit kehren Sie erfrischt in den Alltag zurück.

Zu guter Letzt können Sie sich immer wieder an Ihrem Kunstwerk erfreuen: Alle Bilder lassen sich einfach heraustrennen und aufhängen.

Viel Spaß beim Entspannen und Entdecken!

Unter der leicht zu entfernenden schwarzen Schicht warten leuchtend bunte Motive und tolle Farbeffekte auf Sie!